Considerando Desenvolvimento de seres humanos

Psychological questões de desenvolvimento

Por Thomas Hodge

índice analítico

Adversidade e Desenvolvimento

O artigo analisa as conexões entre as adversidades que são requeridas para ser associado com menor nível sócio-econômico e do desenvolvimento de um indivíduo. Blair e Raver (2012) começa por examinar as conexões entre estilos parentais associados com menor nível sócio-econômico e para o desenvolvimento da criança. Os autores fazem explorar a possibilidade de que tensões causadas pela pobreza diminui a capacidade do pai para executar de forma eficaz no papel de pais. Isto é visto como impactar negativamente as habilidades do pai o que resulta em custos de curto prazo e longo prazo a longo prazo para a saúde e desenvolvimento da criança. Os autores constituem tal afirmação, utilizando o modelo de canalização experiencial. Este modelo fornece explicações para as conexões entre adversidades e da qualidade da prestação de cuidados, que resulta na produção de hormônios do estresse que afetam a conectividade neural do indivíduo. À medida que o indivíduo desenvolve, processo de auto-regulação, que são o produto de tais processos criam comportamentos de auto-regulação. Esses comportamentos são adaptações que se desenvolvem no indivíduo para ajustar para as adversidades que têm experiência em um ambiente de pobreza.

Na tentativa de fornecer uma solução para as deficiências de desenvolvimento dos indivíduos pobres, os autores sugerem que os pais participam na parentalidade aulas de educação a ser treinados sobre como ser pais. Este processo de reciclagem dos pais seria realizar através de intervenções dos pais, além da educação. Os autores também fez menção das condições ambientais associadas ao estado de pobreza vindo de outros elementos da situação, mas não oferecem uma solução prescrita a tais fatores contribuintes.

Na pesquisa relevante, McBride-Murry et al. (2011) analisou outros fatores que contribuem para o desenvolvimento de jovens em áreas de baixa renda. Além de estilos parentais, eles descobriram que a comunidade fora da família ao invés de família reforçado muitos comportamentos que podem ser vistos como afetando negativamente o desenvolvimento. Este artigo amplia o foco dos pais para a comunidade como um todo. Duncan, Ziol-Guest e Kalil (2010) conduziram um estudo correlacional de conexões entre a renda dos pais e de várias medidas em relação ao Estado e desenvolvimento mental da criança. Eles descobriram uma correlação entre o nível de angústia na criança e renda dos pais só depois que a criança teve atingem a idade escolar. Não houve correlação significativa em crianças mais jovens. À luz de tal pesquisa, pode-se ver uma dinâmica entre as adversidades que afetam apenas a criança, uma vez que estão expostos a situações sociais fora do ambiente familiar. Outros fatores de estresse não foram encontrados para ser significativo até a idade escolar alcance da criança ou na adolescência no estudo.

Blair e Raver (2012) fizeram várias ligações em seu artigo que são mantidos juntos por vários estereótipos e preconceitos. O foco dos autores sobre os estilos parentais de pais mais baixos status sócio-econômico negligencia outras variáveis ambientais e fatores que podem ser claramente vistos como afetando o desenvolvimento do indivíduo. A comunidade em que o indivíduo cresceu em poderia ser visto como um fator claro que teria um impacto de desenvolvimento. A comunidade oferece ao indivíduo determinado recurso, tais como escolas, exposição a normas culturais, e as oportunidades de aprendizagem implícita. Os indivíduos em situação de pobreza geralmente vivem em bairros e comunidades que são deficientes em tais recursos para fornecer para o avanço do desenvolvimento em crianças. Estes recursos são diferentes dos que são fornecidos pelos pais.

Além do foco em estilos parentais, os autores afirmam que o estresse afeta negativamente o desenvolvimento da criança. O conceito de estresse pode ser saudável, em determinadas circunstâncias. Estresse oferece à criança a oportunidade de se adaptar e se ajustar a novas experiências. A criança que se acostumaram a enfatizar em sua situação ambiental e seria capaz de lidar com situações estressantes na vida adulta. Há uma verdade a alegação de que muito estresse pode ter consequências negativas, mas os autores constroem suas reivindicações sobre o estresse indireto que resulta de os estilos parentais de famílias de baixa renda. Este tipo de conclusão parece confundir correlação com causalidade e, adicionalmente, fornecer para o avanço de uma estereótipos de famílias de baixa renda por meio de sobre-generalização.

Apego e Desenvolvimento

Dykas e Cassidy (2011) analisou a forma como que os estilos de apego entre crianças e mães afetar as habilidades cognitivas da criança mais tarde na vida. O artigo analisou as conexões entre o modo como as informações relacionadas com o apego é processado por pessoas que experimentaram diferentes tipos de estilos de apego. Os indivíduos que eram tipos de seguro-anexo como bebês eram tendenciosos positivamente ao processar a informação que estava relacionado com anexos. As crianças que estavam em situação de insegurança esquiva tentou evitar ou ignorar informações que seriam processados e associados com o acessório. As crianças inseguras-desorganizado exibido semelhante comportamento que era indiferente ou confuso durante o processamento de informação que foi associado com anexos.

A pesquisa sobre os estilos de apego dos pais para com os filhos revelou insights sobre como as informações do processo crianças associado com interações sociais ao longo do desenvolvimento. Existe uma correlação entre o estilo de apego experimentado pela criança na infância e na polarização de processamento de informações para negativo ou informação social positiva. As crianças com experiências inseguras são mais facilmente capazes de processar a informação negativa, enquanto experiências seguras tendenciosa crianças para facilitar o processamento de experiências positivas. Esta conexão entre apego e habilidades de processamento demonstra o impacto que a paternidade precoce tem sobre o funcionamento cognitivo das crianças mais tarde na vida. Tal conexão demonstra o impacto das primeiras experiências ao longo da vida de um indivíduo e sua influência sobre a susceptibilidade do indivíduo a apresentar tendências de ansiedade, tendências de esquiva, e a probabilidade de dar preferência cognitiva para tipos específicos de informações sobre os outros.

Numerosos outros estudos examinaram o mesmo conceito que foi explorado por Dykas e Cassidy (2011). Von der Lippe, Eilertsen, Hartmann, e Killen (2010) encontraram uma ligação semelhante entre estilos de apego dos pais cedo e sensibilidade das crianças para aprender informações durante as sessões de tutoria. O'Connor e McCartney (2007) encontrou uma correlação entre os tipos de apego inseguro e testando habilidades juntamente com uma diminuição da probabilidade de exploração ambiental em crianças pré-escolares. As conexões feitas por outros pesquisadores reforçam as descobertas que foram feitas por Dykas e Cassidy (2011). Além disso a pesquisa atual, pode-se também considerar o apoio de teorias clássicas, como a proposta por Erikson (1968), que durante o tempo da primeira infância, a pessoa desenvolve uma compreensão de se confiar ou desconfiar de seu ambiente. Se o ambiente proporciona um viés em direção a desconfiança, o indivíduo deveria apresentar um viés em direção a ambientes que desconfiam e situações que podem ser generalizadas para cenários com conexões para as semelhanças de primeira infância. As estratégias mal adaptativas desenvolvidas durante este tempo no início do desenvolvimento teria um impacto claro sobre as habilidades da criança a amadurecer e se desenvolver em etapas posteriores, devido ao efeito de polarização de experiência anterior na infância da criança.

Ao examinar Dykas e Cassidy (2011), o artigo poderia ter tido um olhar mais atento para os conceitos de exclusões defensivas e processamento de informações sociaisdriven esquema. Os dois conceitos parecem ter o potencial para explicar uma dinâmica interessante na forma como os indivíduos podem desenvolver certas perspectivas e manter diferentes tendências ao longo da vida. A interação dinâmica entre os dois conceitos tem a possibilidade de ser correlacionado com viés de atenção, perda de aversão, preconceitos negatividade, e vários outros possíveis vieses associados com tendências de indivíduos para fazer menos do que decisões precisas com base em influências do passado na vida. Os aplicativos e testes de possíveis correlações entre apego estilos e funções cognitivas e preconceitos pode ser facilmente testado com questionários simples. Estas correlações poderia ser utilizada para determinar a probabilidade de adolescentes de desenvolver esquemas particulares associadas com os padrões de desenvolvimento similares, em indivíduos com o mesmo pai-estilo anexo. Isto poderia ser usado no desenvolvimento de planos de tratamento ou de treinamento para ajudar os indivíduos a encontrar melhores formas de lidar com preconceitos emocionais que eles têm, ou, pelo menos, estar ciente das tendências e fontes de tais preconceitos.

A identificação precoce de crianças em idade escolar ou idade pré-escolar como sendo socializados em ambientes específicos do estilo de apego seria proporcionar aos educadores com uma melhor compreensão das causas de tais déficits cognitivos. Tratar o déficit cognitivo na ausência de entendimento dos fatores que contribuem apenas serve para redirecionar problemas de desenvolvimento a reaparecer em uma instância ou uma oportunidade diferente. Para entender a causa do déficit cognitivo pode oferecer planos direcionados e específicos na reestruturação compreensão e mentalidade de seu ambiente do indivíduo. Uma vez que a mentalidade da criança é abordada, a criança será capaz de produzir melhorias a longo prazo no funcionamento cognitivo. Esta seria uma direção aplicável para esta investigação a desenvolver em com a esperança de melhorar a qualidade do desenvolvimento, educação e vida dos indivíduos.

Transtorno de Déficit de Atenção e Hiperatividade

Marchetta, Hurks, Krabbendam e Jolles (2008) examinaram as diferenças no funcionamento cognitivo entre adultos com TDAH que foi co-mórbidos presente com uma outra condição, adultos com TDAH independente de comorbidade, adultos com alguns sintomas, mas não diagnosticadas com TDAH e adultos que estavam livres de sintomas de TDAH. Marchetta et al. (2008) explorou quatro diferentes funções executivas e duas funções não executivas. As funções executivas foram o controle de interferência, o conceito de mudança, fluência verbal e memória de trabalho verbal. As funções não executivas foram a capacidade de atenção e funções de processamento de informação. Os pesquisadores usaram uma variedade de avaliações, tais como Stroop Tarefa, Trail Making Test, Fluência Verbal e de teste para medir as diferenças de funcionamento entre os diferentes grupos de funções cognitivas específicas.

Marchetta et al. (2008) encontraram déficits para o grupo, que era co-mórbidas diagnosticadas com TDAH e outro transtorno eo grupo com sintomas de TDAH, mas não a doença em ambas as tarefas não-cognitivas que podem atribuir os déficits nessas áreas para que não sejam TDAH variáveis. Os grupos TDAH não apresentaram déficits na fluência verbal ou controle de interferência, mas os défices estiveram presentes nos grupos de TDAH nas áreas de memória de trabalho verbal e conceito de mudança. Tais resultados demonstram que uma única forma em que o TDAH afeta aspectos específicos do funcionamento cognitivo em oposição ao funcionamento cognitivo geral. Em estreitar o impacto específico do TDAH em funcionamento de um indivíduo, melhoria dos métodos de treinamento e adaptação dos sistemas educativos podem ser implementadas para melhorar o funcionamento dos indivíduos que sofrem de TDAH.

Gupta e Kar (2010) analisou como as diferenças em tarefas cognitivas específicas pode ser usado para diferenciar de forma mais precisa entre o TDAH e outros diagnósticos que têm sintomas semelhantes aos de TDAH. Esta pesquisa buscou abordar a questão similar de como o TDAH pode ser discriminado de outros transtornos, como transtornos do humor, transtornos de comportamento e transtornos do desenvolvimento com a finalidade de prover os indivíduos com tratamento adequado que irá produzir resultados efetivos. Gupta e Kar (2010) tomou a comparação das propriedades psicométricas de uma variedade de instrumentos de avaliação, como o Sistema de Diagnóstico Gordon, teste de variáveis de atenção, de tarefas de Desempenho Contínuo de Conner, e IVA para determinar como as avaliações seria capaz de concentrar-se no défices cognitivos específicos associados com ADHD. A pesquisa também analisou a eficácia das avaliações foram em discriminar os déficits específicos de associados com ADHD de outras comorbidades que são comuns a co-ocorrer com TDAH.

Examinando essas ferramentas de avaliação, juntamente com a confiabilidade e validade dos pais e professores de relatórios poderiam ser usadas para explicar as altas taxas de comorbidade de TDAH sendo juntamente com outros diagnósticos. Pode-se notar que um diagnóstico de um indivíduo pode resultar em consequências graves que podem levar a um agravamento da condição de que o indivíduo está passando. Waite e Ramsey (2010) descreveu como que muitos indivíduos foram diagnosticados como crianças com TDAH, devido a limitações de recursos, mas os sinais de TDAH estavam presentes para eles durante a vida adulta e criou uma grande quantidade de dificuldades durante adolescências e idade adulta. Os indivíduos do estudo foram diagnosticados incorretamente definido como não tendo TDAH durante a juventude ou foram diagnosticados como tendo uma doença que apresenta sintomas semelhantes. Através de novas pesquisas sobre os efeitos específicos de TDAH nas funções cognitivas, as medidas de melhor diagnóstico e planos de melhoria do tratamento pode ser definida para os indivíduos que sofrem de TDAH.

A deficiência de Marchetta et al. (2008) era que o ADHD foi comparado contra uma grande variedade de distúrbios que não foram controlados por distúrbios específicos tais. A informação é útil para determinar quais áreas poderiam ser facilmente confundidos entre o TDAH e outros distúrbios em geral; no entanto, uma abordagem mais útil seria desenvolver uma série de estudos para definir como cada doença específica poderia ser confundido com TDAH. Desde TDAH parece ter uma história de super-representação em certas áreas, tal série de estudos pode ser condensada em literatura útil para ajudar os médicos a melhorar a precisão de seus diagnósticos em relação ao TDAH e outros transtornos que se desenvolvem na infância. Além disso, esse tipo de pesquisa poderia ser apresentados em simples para avançar na compreensão de educadores, assistentes sociais e membros da família, permitindo-lhes desenvolver uma compreensão mais clara de tais distúrbios e os tratamentos necessários para os casos específicos com base nos processos adaptativos subjacentes que levam a tal condições como ADHD ou as suas condições co-mórbidas, que são muitas vezes confundidos com TDAH.

Attentional Controle e Envelhecimento

Waszak, Hommel, e Shu-Chen (2010) examinaram o desenvolvimento dos processos de orientação e resolução de conflitos como eles consideram para controle da atenção. A pesquisa buscou comparar e contrastar o desenvolvimento dos dois processos em desenvolvimento vida medindo os tempos de reação dos indivíduos na tarefa de orientação Posner tipo ea tarefa flanker Eriksen-tipo. A pesquisa revelou que os indivíduos desenvolveram muito mais jovem na tarefa de orientação do que a tarefa de resolução de conflitos. Os indivíduos realizaram a tarefa de orientação em seus níveis semelhantes aos adultos por idade 10-11 anos de idade, enquanto a tarefa de resolução de conflitos não alcançou seus níveis semelhantes aos adultos, até cerca de quinze anos de idade.

Waszak, Hommel e Shu-Chen (2010) demonstram como a capacidade cognitiva mais simples de orientar no controle da atenção amadurece muito mais cedo do que uma função mais complexa, como a resolução de conflitos. Estes resultados correlacionam-se com os padrões de desenvolvimento das regiões de funcionamento superiores do cérebro, tais como o desenvolvimento das regiões pré-frontais do cérebro que são responsáveis por níveis mais elevados de pensamento, tais como funções de planejamento e executivos. A pesquisa mostra que as tarefas também mostram um declínio com o envelhecimento na idade adulta mais tarde. A tarefa de orientação mostra um declínio muito mais lento do que a tarefa de resolução de conflitos mostra como os indivíduos amadurecem mais tarde na vida adulta. Este tipo de declínio diferencial entre as duas funções podem ser vistos como uma demonstração de como funções mais avançadas deteriorar-se mais rapidamente do que as funções menos avançados. As funções cognitivas que se desenvolvem mais cedo na vida são retidos mais tempo do que as funções que se desenvolvem mais tarde na vida.

Em um estudo similar, Castel et al. (2011) analisou a forma como os processos de recall e seletividade de codificação de informações com base em importância. Na tarefa, os indivíduos estavam a tentar codificar e recordar os itens de uma lista. Os itens foram dados valores variando com base em sua importância que foi explicado aos indivíduos que os itens de maior valor valeria mais pontos. Pode-se notar que a codificação e recuperação de itens é menos cognitivamente complexa do que atribuir valores para os itens com a finalidade de equilibrar o esforço mental e dando preferência a codificação dos itens de maior valor. A capacidade recall foi anotado como desenvolver mais cedo na idade para o desempenho de pico de seletividade. Em contraste com o estudo de Waszak, Hommel, e Shu-Chen (2010), a tarefa mais complexa de selectividade continuou a manter os seus níveis mais elevados de desempenho em idades mais avançadas. A capacidade de selectividade não começou a declinar até muito tarde na vida. A capacidade recordação começou a um declínio gradual em adultos de meia-idade. À luz de tal pesquisa, pode-se observar que a capacidade cognitiva é diferente em declínio devido a mais do que a determinação da simplicidade e complexidade ou a idade de aquisição da habilidade. Seletividade poderá ser indicada como sendo muito mais complexa do que a capacidade recall, mas o desempenho seletividade mantém por muito mais tempo do que o recall do indivíduo.

Para dar sentido a essa contradição, deve-se ajustar a teoria de habilidades anteriormente adquiridas com duração por longos períodos de tempo, conforme declarado pelo Waszak,

Hommel, e Shu-Chen (2010). A deficiência em ambos os estudos é que cada estudo é só comparar duas habilidades cognitivas. Devido a este tipo de projeto, os autores podem ser levados a fazer uma declaração de generalização excessiva em relação ao desenvolvimento e longevidade do processo cognitivo em todo o ciclo de vida de um indivíduo. Teoricamente, tal declaração pode ser facilmente contestada devido à possibilidade de novas pesquisas que poderia desafiar a teoria, comparando os dois processos cognitivos distintos ao longo do desenvolvimento expectativa de vida. Múltiplas funções cognitivas podem ser comparados por meio de análise de variância para determinar se mais cedo um processo cognitivo desenvolve impactos a retenção de tais processos através de idade mais avançada. Para examinar ainda mais essas correlações, uma variedade de outras variáveis poderia ser explorada, tal como o ensaio da capacidade cognitiva em particular ao longo do tempo de vida, a utilização da capacidade cognitiva, durante o tempo em particular na vida, a importância da função no que se refere à fase actual do indivíduo na vida, e vários outros fatores. Estes fatores podem ser levados em consideração a forma como eles afetam o declínio cognitivo de funções específicas na vida adulta e permitir uma explicação mais completa sobre a relevância de como o domínio no início das funções cognitivas pode desempenhar um papel na retenção de tais funções em fases idosos da vida.

Desenvolvimento Cognitivo

O desenvolvimento de um indivíduo varia
dependendo do tipo de função cognitiva que está a ser
analisado com base no estudo de Cuevas e Bell (2010). Em
sua pesquisa, o desenvolvimento de uma criança é examinada
comparando os tempos de resposta em relação ao alcance de
um objeto desejado ao invés de olhar na direção do objeto
desejado. O estudo analisa a forma como a criança reage
utilizando a aplicação de testes de permanência de objetos e
cronometrar o tempo de reação da resposta da criança. A
pesquisa observa que a criança progride através das idades de
cinco meses para dez meses de idade para ter tempos de
resposta mais rápidos. Os pesquisadores também examinaram
as diferenças de como a reversão de tarefas afeta o
desempenho da criança, comparando os tempos de reacção das

crianças que realizaram tarefas que chegam primeiro em oposição a aqueles que realizaram as tarefas que procuram em primeiro lugar. A pesquisa mostrou como os primeiros testes do teste mostraram melhora desempenho melhor nos ensaios que procuram que os ensaios alcance. Nos estudos mais recentes, as crianças melhoraram mais rapidamente em relação a tarefa de chegar ao local onde ele começou a superar os tempos de resposta à procura tarefa.

Do mesmo modo, Watanabe et al. (2012) usou a tarefa A-não-B para medir as mudanças no desenvolvimento das capacidades de atenção de crianças entre 10-12 meses de idade, comparando os tempos de resposta em um estudo longitudinal e comparando também os efeitos de uma distração na reação tempos das crianças. Watanabe et ai. (2012) descobriram que os tempos de resposta dos bebês foram mais afetados pela distração na idade 10 meses, mas as crianças de doze meses de idade, mostraram não haver diferença nos tempos de resposta em comparação com as crianças da mesma idade sem uma distração. Através desta pesquisa, Watanabe et al. (2012) foi capaz de demonstrar como as funções de atenção rápidas desenvolver neste momento na vida da criança. Matthews e Ellis (1996) realizaram um estudo semelhante para examinar as diferenças de desenvolvimento entre as crianças que foram entregues a termo e crianças nascidas prematuramente. Ao fazer isso,

Matthews, Ellis, e Nelson (1996) descobriram que os bebês prematuros apresentaram tempos de resposta mais rápidos, mas um maior número de erros do que as crianças nascidas a termo. Notavelmente, os dois grupos mostraram melhoras nas mesmas idades, independentemente de eles eram prematuros ou recém-nascidos a termo. Com a idade avançando, as diferenças se tornam menos visíveis na taxa de erros e tempos de reação no estudo.

Cuevas e Bell (2010) observou que diferença dentro dos grupos estava presente em seu estudo, como haviam controlado por inúmeros fatores, tais como se os bebês nasceram prematuros ou a termo, condição socioeconômica, e permitiu que os participantes vêm de diferentes origens étnicas. Um fator que parece ter sido esquecido era variância em estilos parentais. Pode-se sempre observar que diferenças ocorrem porque a vida não ocorre em um vácuo. As diferenças individuais existem devido a fatores como diferenças potenciais situacionais e experiências entre crianças. Pode-se examinar as diferenças em uma ampla gama de variáveis para determinar diferenças. Independentemente das variáveis, a pesquisa não mostra as mudanças particulares em tempos de reação em pontos específicos em desenvolvimento. As vezes o tempo de reação melhoram notavelmente poderia servir como potenciais marcos no desenvolvimento cognitivo. Com um tamanho de amostra grande o suficiente, pode-se construir modelos potenciais do desenvolvimento de várias funções cognitivas que serviriam para determinar as tendências de desenvolvimento das crianças individuais. Para permitir que esses modelos para servir como preditores de desenvolvimento em uma idade tão jovem, tem latente consequências negativas a considerar. Indivíduos inadequadamente treinados poderiam abusar de um modelo preditivo tal e permitir a generalização de um tal teste. Com muita cautela, tal modelo e procedimentos de teste associados poderia ser usado para determinar o apropriado estímulos e interação que melhor servir o desenvolvimento de uma criança em seu desenvolvimento cognitivo através dos estágios iniciais de desenvolvimento.

Impacto sobre o
Desenvolvimento Cultural

Chen (2012) explorou os impactos das influências culturais sobre o desenvolvimento das crianças como eles interagiam com seus pares. As diferenças apareceram no contexto de se a cultura de que as crianças provenientes de era individualista ou coletivista na natureza. As culturas individualistas promovido características de assertividade e agressividade nas crianças. Estes tipos de comportamentos pode ser visto como tendo conexões com a ênfase da cultura no sucesso do indivíduo eo avanço da competitividade. Por outro lado, as culturas colectivistas promoveu as características de auto-disciplina e conformidade entre as crianças. Devido a isso, as crianças que foram vistos como sendo bastante e foram reservados mais aceito por seus pares, em oposição àqueles de características semelhantes em culturas individualistas. Os grupos de pares nas culturas individualistas rejeitou as crianças completamente e aceito as crianças agressivas e assertivas de forma contrária ao que teria ocorrido em uma cultura coletivista entre as crianças. Ao utilizar este exemplo, Chen (2012) chama a atenção para a forma como a sociedade influenciar as interações sociais de crianças que então serve para perpetuar normas sociais do que é comportamento social aceito e recompensado.

Diesendruck e Markson (2011) analisou como que a cultura em que a criança se desenvolve auxilia no fornecimento a criança com um sistema de esquema para identificar o que é normal eo que é esperado. Teoria do esquema é freqüentemente associada com a aprendizagem durante o desenvolvimento precoce. Como a criança percebe as interações e semelhanças entre os indivíduos e seus comportamentos, a criança é fornecido com mais detalhes a respeito de como ele ou ela deve entender cada categoria de pessoas a se comportarem. Os comportamentos são divididos em o que é considerado um comportamento adulto e comportamento criança. Como os grupos de crianças por pares desenvolver, as crianças aprendem a partir das relações interpessoais dos que os rodeiam como formar grupos de pares. A cultura desempenha um papel, fornecendo consistência nas interações de adultos e crianças mais velhas que têm desenvolvido seus grupos de pares com base no que tinha observado. Observando uma única instância de como um grupo de indivíduos se comporta, trata os seus membros, e aceita e rejeita indivíduos teriam menor impacto sobre a forma como uma criança faz um esquema de como um grupo de pares deve funcionar. A consistência de grupos de pares observados com os mesmos comportamentos, regras e normas de interação fortalece o esquema que a criança desenvolveu sobre grupos de pares. Outras crianças da mesma cultura têm feito as mesmas observações de interações entre pares, porque as outras crianças estão vendo interações muito similares. Esta consistência na interação entre os grupos observados é o produto da cultura. Desta forma, pode-se ver como a cultura desempenha um papel preponderante na definição no início do desenvolvimento que interações entre pares deve consistir de e continuar a reforçar e fortalecer essa idéia ao longo do tempo através de reiteração constante dos esquemas originalmente desenvolvidos.

A deficiência de Chen (2012) é o seu conceito de timidez gratificante como reforço para a qualidade. Se considerarmos a lógica deste conceito, a idéia parece auto-destrutivo. Primeiro, o autor deveria ter definido a timidez em pelo menos de forma operacional. Se a timidez fosse um desejo de evitar a atenção, o gratificante social da timidez seria contra-produtivo para continuar a qualidade. Este conceito deveria ter sido explicado em maior detalhe para que o artigo tenha uma posição forte. A qualidade da timidez parece ser uma qualidade comum que é exibido entre os indivíduos de muitas culturas orientais; no entanto, o que influencia esse comportamento de pares-interações não parece ser uma ligação forte o suficiente para explicar completamente o desenvolvimento dessa qualidade particular. Existem algumas culturas collectivist em que timidez não é uma qualidade evidente. O autor pode ter negligenciado possíveis variáveis terceiros para que a qualidade do que está sendo exibido em culturas tradicionais asiáticos. (2012) menciona o desenvolvimento social como um processo ativo de Chen parece ser uma idéia que deve ser avaliada. Como o desenvolvimento social seria um processo ativo, este conceito iria apresentar uma oportunidade de mudança a ser feito para o desenvolvimento do processo social por meio de mudanças de actividade e modificações para as interações que a cultura tem prestado para o desenvolvimento do que as crianças devem encontrar socialmente aceitável e esperado. Com uma melhor compreensão de como o desenvolvimento social está ativo, pode-se desenvolver métodos pelos quais a mudar os problemas culturais, como os estereótipos, racismo, assédio moral, e outros comportamentos sociais.

Psicopatologia do Desenvolvimento

Lorber e Egeland (2009) examinaram a relação entre pais de baixa qualidade durante a infância e de externalização de psicopatologia em várias idades em desenvolvimento. Os pesquisadores mediram a qualidade da parentalidade nas idades de três meses e seis meses. Eles, então, medida os comportamentos de externalização das crianças com base no relato dos pais no jardim de infância, primeiro grau, e 16 anos de idade. O rastreamento dos comportamentos continuou na idade adulta por meio de auto-relato dos indivíduos com idades de 16, 23 e 26. Lorber e Egeland (2009) constatou que houve uma correlação entre os estilos parentais e as condutas nas idades mais jovens. A relação desapareceu durante a adolescência e depois reapareceu na vida adulta.

Os autores explicam que a diminuição da correlação

entre a qualidade da parentalidade durante a infância e psicopatologia durante a adolescência pode ser explicado por fatores ambientais. Eles descobriram que as correlações na infância e na idade adulta precoce poderia ser o resultado de os mesmos mecanismos que afectam as apresentações comportamentais nos indivíduos. Os mecanismos que afetaram os comportamentos incluídos modelagem, genética e controle. Durante a adolescência, os pesquisadores descobriram que os estímulos ambientais associados a esse período de desenvolvimento foram influentes o suficiente para superar a influência da má criação que foi vivido durante a infância.

Psychogiou, Daley, Thompson, e Sonuga-Barke (2008) constataram que a melhoria dos pais-estilos promover níveis mais elevados de empatia dos pais. Esses níveis mais altos de empatia reduziu a externalização da psicopatologia em adolescências. Ao considerar esta pesquisa, pode-se considerar como os estilos parentais podem ter mudado desde a infância. Se algum dos pais tinha melhorado seus estilos parentais ao longo do tempo e outros não teriam, os efeitos sobre a apresentação da psicopatologia na adolescência teriam sido afetados de forma desigual. McKinney e Milone (2012) analisou como paternidade e da psicopatologia do pai afetou a psicopatologia dos indivíduos na adolescência. Eles descobriram que os efeitos variaram dependendo se o pais negativo ou psicopatologia foi relacionada com a mãe ou o pai. Eles descobriram que a paternidade negativo estava diretamente relacionada ao final de adolescência psicopatologia quando foi relacionada com a mãe, mas ocorreu uma relação inversa, quando foi relacionada com o pai. Em consideração da variável da parentalidade materna ou dos pais, pode-se considerar o efeito a ser melhor compreendida se as diferenças foram analisadas no estudo de Lorber e Egeland (2009).

Lorber e Egeland (2009) não consegue resolver totalmente a eventual diferença entre os sujeitos durante o período da adolescência. Existe um alto grau de variação que pode ser utilizada para explicar a falta de correlação que existe durante o período da adolescência. Além disso, as lacunas de tempo entre as medidas diminui a força de precisão nas explicações de como os padrões de externalização psicopatologia ocorre. As duas primeiras medidas de comportamentos de externalização fosse um ano de intervalo. A partir da segunda medida para a terceira medida, um período de dez anos, foi examinada. O estudo teria fornecido uma melhor explicação dos relacionamentos se as medidas foram feitas de uma forma mais consistente. Os comportamentos que foram medidos teria produzido algumas representações distorcidas entre os grupos etários. Os fatores que foram compilados para fornecer as medidas de comportamentos de externalização também poderia ter sido examinado de forma independente para determinar se certos tipos de comportamentos foram mais influenciados do que outros.

As razões que foram fornecidos para o mergulho na correlação durante a adolescência poderia ter sido mais atenta ao desenvolvimento psicossocial que ocorre durante a adolescência. Se fosse para considerar o grau de comportamento típico rebelde que ocorre durante a adolescência, pode-se considerar alguns indivíduos estar apresentando comportamento rebelde na forma de se rebelar contra o que eles tinham cresceu para saber como norma na primeira infância. A rebelião da adolescência pode ser usada para explicar com mais precisão este mergulho enquanto a conformidade para mais indivíduos para suas normas sociais percebidas na vida adulta pode ser usada para explicar o seu retorno à correlação. Alguns indivíduos que abraçar as novas normas de comportamento com base no que tinham aprendido durante suas adolescências rebeldes, resultando em tamanho pequeno efeito na idade adulta do que a infância.

Dynamic Systems Modelo

O modelo de sistemas dinâmicos serve como uma proposta de modelo de desenvolvimento humano que tenta dois principais conceitos de desenvolvimento. O primeiro conceito é a idéia de Piaget de acomodação e assimilação, eo segundo conceito é o conceito de zona proximal e desenvolvimento real de Vygotsky. van Geert (1998) tentou demonstrar que a interacção entre as ideias produzida uma interacção dinâmica que pode ser vista a prever o desenvolvimento de um indivíduo. Modelos de desenvolvimento de Piaget são muitas vezes apontados como modelos de estágios em que o desenvolvimento é visto como descontínuo à medida que progride de forma salto de uma fase para a outra. Modelos baseados em conceito de zona proximal de desenvolvimento de Vygogsky são muitas vezes vistos como um desenvolvimento contínuo, que evolui ao longo do tempo, sem os saltos bruscos que são vistos nos modelos de Piaget. O modelo de sistemas dinâmicos tenta mostrar que o desenvolvimento é mostrado para o progresso através de uma série de oscilações que proporcionam um avanço do indivíduo a partir de um modo mais cedo do pensamento de um modo mais avançado do pensamento de uma maneira que não é linear, mas oscilatório.

Para explicar estas oscilações através do desenvolvimento do indivíduo, pode-se observar o efeito sobre a progressão da ajuda do indivíduo e na ausência de ajuda como sendo a oscilação para baixo. Dado que o desenvolvimento de um indivíduo de uma maneira ascendente, essas oscilações tendem a avançar ainda o indivíduo em uma forma para cima, mas em uma função que aparece como uma curva em forma de S, em oposição a uma curva linear. A natureza oscilatória da curva de desenvolvimento também responsável pelo aparecimento de fases ou de planaltos em desenvolvimento do indivíduo.

Ao examinar a literatura recente que aborda a proposta apresentada no artigo, a pesquisa para o desenvolvimento de competências linguísticas e de leitura destaca-se como uma importante aplicação em que tal modelo poderia ser testado. Hohenberger e Peltzer-Karpf (2009) examinaram o desenvolvimento da linguagem, utilizando o modelo de sistemas dinâmicos de desenvolvimento para encontrar uma forma de S semelhante função presente no desenvolvimento da aquisição da linguagem que reflete uma combinação de natureza e criação como van Geert (1998) previu sobre a modelo dinâmico de desenvolvimento. Lynch et al. (2008) examinaram o desenvolvimento da compreensão de leitura precoce em crianças a descobrir que as interações entre as diferentes competências necessárias para o desenvolvimento de compreensão de leitura produzido um padrão semelhante à função proposto visto no modelo de sistemas dinâmicos de desenvolvimento.

A relação entre o artigo e pesquisas atuais no desenvolvimento da linguagem e compreensão de leitura parece ser claramente relacionada no padrão de avanço do desenvolvimento dos indivíduos. Além do padrão funcional, pode-se também observar que a pesquisa atual mostra que não só é o padrão semelhante, mas também as interações entre as variáveis é uma clara ligação entre a literatura existente e van Geert (1998) proposta do modelo de sistemas dinâmicos. Esta ligação representa a ponte entre os conceitos apresentados por Piaget e Vygotsky para fornecer uma visão mais abrangente do desenvolvimento humano. O modelo de dinâmica estabeleceu os fundamentos para futuros modelos de desenvolvimento, como pode ser visto na literatura relacionada.

O modelo de sistemas dinâmicos serve como um excelente

perfil de como o desenvolvimento ocorre no vácuo quando um elemento específico de desenvolvimento pode ser separado a partir de variáveis de terceiros. Infelizmente, a queda do estudo é que o desenvolvimento não ocorre em um vácuo. A possibilidade de separar cada variável individual de todos os outros elementos do ambiente é atraente, mas não é viável. Um grande modelo que tem plenamente em conta todas as variáveis que afetam a forma como um indivíduo desenvolve seria um modelo em constante mudança que sempre conter falhas devido ao ambiente em constante mudança que afeta os indivíduos que desenvolvem. Geert (1998) afirma que o modelo dinâmico que é apresentada no artigo seria apenas um ponto de partida que poderia ser modificado por pesquisas futuras. Ao tentar desenvolver um modelo grande de desenvolvimento, o modelo seria etnocêntrica na natureza, pois só iria abordar o desenvolvimento de um determinado grupo, ignorando as diferenças de desenvolvimento do outro grupo que seria diferente, como diferenças de cultura, gênero e indivíduo experiências. Devido aos problemas com a amostragem, o grupo do qual a informação seria obter precisaria ser mais diversificada e representativa da humanidade do que o grupo usou. Uma vez que essas deficiências são abordadas, tal modelo pode ter o potencial de explicar algumas de como ocorre o desenvolvimento ou a fornecer informações sobre as diferenças de desenvolvimento entre os indivíduos ou grupos de indivíduos.

PAIS

Belsky, Steinberg, Houts e Halpern-Felsher (2010) examinaram a relação entre severidade materna e menarca precoce. Menarca precoce tem sido associada a um aumento dos comportamentos sexuais de risco. A pesquisa buscou apoiar a teoria BSD de ausência paterna sendo associada com o aumento de comportamentos sexuais que levam a gravidez em idade precoce como uma estratégia reprodutiva da seleção natural. O estudo utilizou um método longitudinal de observação a fazer a relação entre estilos parentais da mãe e do comportamento de risco sexual, tendo as mães preencher um questionário quando a criança tinha quatro anos e acompanhamento com a criança até a idade de quinze a avaliar os comportamentos sexuais. Os investigadores ajustaram a idade da menarca para ter em conta os efeitos hereditários.

Belsky et al. (2010) encontraram uma correlação entre a dureza do estilo parental da mãe e da idade da menarca depois de levar em conta fatores de hereditariedade. A ligação mais forte existiu entre a idade da menarca e assunção de riscos, tanto de índole sexual e outros comportamentos de risco. A forte correlação também ocorreu entre a dureza dos pais e outros comportamentos de risco. Belsky et al. (2010) explica que as relações existentes entre as variáveis fortalecer a teoria BSD que a ausência de um pai leva a comportamentos sexuais mais cedo devido a estratégias reprodutivas.

Harden e Mendle (2012) examinaram se o ambiente tem um impacto sobre o aparecimento da menarca em meninas. Como esperado, eles descobriram que o ambiente tem um impacto sobre o tempo de início da menarca. Wierson, Long e Forehand (1993) examinaram os efeitos do estresse familiar sobre a idade da menarca início para determinar que as meninas em situações de estresse experimentado a menarca mais cedo que não aqueles em situações estressantes. Mendle, Leve, Van Ryzin, Natsuaki e Ge (2011) examinaram as correlações de abuso e maus-tratos para a idade de início da menarca ao descobrir que o abuso e maus-tratos teve uma forte correlação com a idade da menarca início em mulheres jovens. A conexão que cada um destes estudos têm é que as meninas que experimentam maiores graus de estresse experimentar uma menarca mais cedo que aqueles que têm menos stress. Aegidius et al. (2011) explica que os hormônios de estrogênio e progesterona desempenham um papel em manter ciclos menstruais e também reagem ao estresse. A ligação entre hormônios associados com a menarca e estresse poderia explicar com mais precisão as conexões entre o início mais precoce da menarca e situações que produzem mais estresse durante a vida de uma jovem.

Belsky et al. (2010) tem um grande número de falhas em seu apoio à teoria BSD. A pesquisa apresentada Belsky et al. (2010) tenta misattribute causação de correlação. As conexões que foram feitas foram entre os fatores de dureza dos pais e menarca precoce foram correlacional como as observações foram naturalista e não uma verdadeira experiência que poderia ser manipulado para explicar a causa. Além do erro de correlação da causa, a relação entre aspereza parentais e a ausência de um pai parece ser uma ligação irracional. A ausência ou a presença de um pai que parece ser não relacionada com o grau de dureza que uma menina experiências.

Teoria BSD contém suas próprias falhas teóricas. Teoria BSD atributos menarca mais cedo para estratégias reprodutivas, como resultado da seleção natural para aumentar a probabilidade de reprodução e continuação da espécie. Se este fosse o caso, seria capaz de notar uma redução na idade da menarca ao longo do tempo, pois seria uma característica que iria avançar a continuação da espécie. Além disso, a menarca anterior seria vista como benéfica para as espécies. À medida que o indivíduo alcançaria a menarca mais cedo e se reproduzir mais cedo pela teoria, a descendência não seria fornecido adequadamente e ter uma chance reduzida de sobrevivência devido à imaturidade da mãe.

A ligação que pode ser feita entre a ausência de um pai e aspereza dos pais é que o nível de estresse que é experimentado pela criança. Os níveis de estresse parece ser um fator reoccurring entre os estudos de determinantes menarca. As conexões entre os comportamentos de risco e menarca precoce pode ser atribuída às mudanças hormonais que poderiam ser examinados por um estudo detalhado das mudanças bio-químicas que ocorrem como resultado da menarca. Teria sido mais interessante para ver se havia mais uma conexão entre crueldade dos pais e comportamentos sexuais de risco, tendo se a idade da menarca foi controlado ao invés de ser uma variável que não foi ajustada para nas correlações presentes por Belsky et al. (2010). As conexões entre dureza e comportamentos sexuais serviria para explicar essa conexão mais direta se alguém realizar mais pesquisas para determinar as ocorrências de comportamentos de risco, quando a menarca é estatisticamente controlado por entre os participantes para determinar o impacto da dureza dos pais sobre a tomada de riscos comportamentos directamente.

Influência dos pares sobre o Desenvolvimento

Garandeau, Ahn e Rodkin (2011) analisou as relações entre a estrutura hierárquica de salas de aula e ênfase no desempenho acadêmico para a agressividade de indivíduos nas salas de aula. O estudo incidiu sobre o quarto eo quinto alunos do em particular. Os pesquisadores descobriram que o grau de diferença entre os alunos populares e impopulares correlacionada com o grau de agressividade entre os alunos. Eles descobriram que as escolas onde o desempenho acadêmico foi enfatizado mais fortemente foram as escolas eram os alunos agressivos também eram menos popular. O estudo forneceu uma visão sobre possíveis estratégias que poderiam ser usados para diminuir o bullying eo comportamento agressivo nas escolas.

Garandeau et al. (2011) forneceu duas explicações para como as crianças populares foram mais agressivos do que as crianças impopulares. Primeiro, as crianças populares usaria comportamentos agressivos para criar uma diferença maior de status entre eles e as crianças menos populares. Esta lacuna serviria para elevar seu status social na sala de aula. A segunda explicação era que as crianças populares tinha mais a perder do que as crianças impopulares nas salas de aula com uma estrutura social hierárquica mais estruturada. Devido a este potencial de perda, as crianças populares que apresentam comportamentos mais agressivos, a fim de manter o seu status de ser popular.

Shi e Xie (2012) constatou que os membros de status mais altos de grupos entre os alunos da sétima série foram encontrados para ser mais agressivo do que outros membros de seus grupos. Além disso, os grupos que apresentaram maiores níveis de agressão entre os indivíduos mais populares também mostraram aumento dos níveis de agressão entre os membros. Shi e Xie (2012) afirmam que a agressividade dos indivíduos de status elevado pode também influenciar e impactar os níveis de agressão entre os membros. Eles encontraram efeitos semelhantes entre meninos e meninas em relação à agressão social. Entre os grupos do sexo masculino, eles encontraram um efeito similar para os níveis de agressão física, além da agressão social. Como nível de status de um indivíduo era menor, eles descobriram que o indivíduo era menos provável de ser influenciada pela agressividade dos membros de nível superior do grupo sobre os níveis de agressão.

Mayeux e Cillessen (2008) examinaram mudanças na agressividade ao longo de nove a doze graus em relação à popularidade do indivíduo e sua consciência de sua popularidade. Eles descobriram que os indivíduos populares que sabiam que eram populares desenvolveram níveis mais altos de agressão aberta ao longo do ensino médio do que outros grupos. Como uma resposta a ser não gostava, os alunos que sabiam que eles estavam não gostava mostrou aumentar os níveis de agressão relacional do que outros grupos. Os indivíduos procurados podem ser vistos como sendo abertamente agressiva para manter sua posição, e os indivíduos não gostavam pode ser visto para mostrar agressão relacional como um meio de aumentar a sua posição com os outros.

Grandeau, Ahn e Rodkin (2011) cometem o erro de explicar o nexo de causalidade com uma correlação. O artigo refere-se a fatores como moderadores de comportamentos agressivos. Infelizmente, a pesquisa não determina se os comportamentos agressivos produziu os outros fatores ou se outros fatores levam a comportamentos agressivos. Pode-se esperar que cada vez mais interesse no sucesso acadêmico poderia criar níveis mais baixos de agressão e que um sistema social menos hierárquica entre as crianças levaria a níveis mais baixos de agressão. A questão é que cada vez mais interesse no desempenho acadêmico pode simplesmente reformular uma estrutura diferente das tendências agressivas, simplesmente redesenhar uma nova estrutura social. As crianças seria mais inteligente e estudar mais, mas eles ainda seria agressivo com outras crianças só de uma forma mais inteligente. O artigo proposto por entender que os moderadores de agressão pode-se controlar a diminuir os níveis de bullying nas escolas e outros comportamentos semelhantes. Ao confundir correlação para a causa, a verdadeira causa de tal agressão pode ser esquecido e não tratadas. Se alguém fosse capaz de modificar a estrutura de uma sala de aula quarta série ou quinto para mudar a ênfase no desempenho acadêmico entre as crianças, pode-se realmente precisa prestar atenção às tendências agressivas ea hierarquia da sala de aula para ver se os comportamentos agressivos teve diminuiu ou simplesmente foi transferido e redirecionado para se ajustar à nova estrutura.

A maneira mais eficaz para examinar o impacto estrutura hierárquica de uma sala de aula teria impacto agressividade seria mudar os tamanhos de sala de aula. Maior número de estudantes tendem a desenvolver uma hierarquia mais estruturada de estudantes populares e impopulares com maiores graus de variação de classes menores. Se as crianças foram trocadas entre os tamanhos grandes e pequenos de classe, pode-se de forma mais eficaz medir essas variáveis, mas que ainda precisa controlar para outros fatores. Para projetar o experimento desta forma teria o potencial para o controle de tais fatores se uma correlação poderia ser encontrado e manipulados usando um design ABAB para o experimento com medidas de reequilíbrio entre os diferentes grupos.

Prontidão Escolar

Razza, Martin, e Brooks-Gunn (2010) examinaram os efeitos de fatores ambientais específicos sobre o desenvolvimento da atenção sustentada e prontidão escolar de crianças entre as famílias de baixa renda e de classe média. O estudo foi projetado para examinar de estilos parentais, estímulos ambientais, e vários fatores associados ao ambiente familiar da criança. As crianças foram avaliadas em três anos de idade para o grau em que os factores ambientais específicos estavam presentes. Aos cinco anos, as crianças foram avaliadas para determinar o nível da criança de preparação para a escola. Os resultados foram comparados para encontrar correlações entre os fatores ambientais e do desenvolvimento da criança de habilidades cognitivas com a idade de cinco anos.

Razza et al. (2010) constataram que as crianças pobres obtiveram as menores pontuações em tarefas que exigiam atenção focalizada e falta de controle de impulsos entre as crianças pobres. A pesquisa descobriu ligações entre a hostilidade materna e habilidades da criança para chamar a atenção. A pesquisa descreve a falta de preocupação com as emoções do filho e da experiência como sendo um factor que contribui para a incapacidade da criança de se concentrar durante as aulas devido aos níveis de ansiedade na criança e desvalorização de compreensão da criança dos pais. Razza et al. (2010) também chamar a atenção para a ligação entre a falta de ser lido como oposição às crianças de nível socioeconômico mais elevados a que os livros são lidos os pobres das crianças. Esta ligação aumenta o nível de dificuldade que as crianças têm com a execução de tarefas que envolvem impulsos inibidores e focar a atenção em direção a uma atividade de baixos níveis de atividade física.

Doyle, McEntree, e McNamara (2012) examinaram as correlações entre vários fatores comuns de famílias de baixa renda e de vários fatores de preparação para a escola. No estudo, os fatores relacionados à preparação para a escola incluiu não apenas a fatores cognitivos relacionados a habilidades acadêmicas, mas também as habilidades sociais que podem ter tido um impacto em como as crianças iriam realizar em tais tarefas cognitivas. Entre os fatores, foi encontrada uma relação significativa entre a maturidade da criança emocional, que relacionada a agressividade, comportamento pró-social, habilidades de ansiedade enfrentamento, e atenção, e nível dos pais da educação. A ligação entre os dois elementos pode ter uma ligação à criança modelar o comportamento observado do progenitor na expressão de emoções. Supondo-se que o nível de educação mais elevado que resultaria em melhores habilidades verbais por parte dos pais, a criança seria capaz de aprender habilidades de enfrentamento e habilidades expressivas no que diz respeito ao controle emocional e maturidade através da aprendizagem observacional.

Ao comparar Doyle et al. (2012) para Razza et al. (2012), pode-se notar que as medidas de maturidade emocional poderia explicar a falta de capacidade de se concentrar da criança. A hostilidade materna também poderia ser visto como a modelagem de maturidade emocional inadequado de criança. Ao combinar os resultados de ambos os estudos, pode-se determinar que os pais das formações mais baixas poderia ser menos expressivo de suas emoções de uma forma construtiva. A expressão má adaptação ou falta de expressão de emoções pode ser contraproducente em permitir que a criança a desenvolver habilidades de enfrentamento emocional em relação às emoções e habilidades verbais, como resultado de menor interação através de aprendizagem por observação no ambiente doméstico que é oferecida para as crianças com melhor desempenho.

A desvantagem com o estudo de Razza et al. (2012) é a suposição de que as técnicas parentais inadequadas e habilidades diferentes com base em classe econômica. Esta hipótese parece ser ingênuo e discriminatório em razão da classe. Um estado de pobreza pode ter o potencial amplificar os impactos das técnicas de parentalidade inadequados, ou diferença de classe podem simplesmente produzir déficits de uma maneira diferente com base na disponibilidade de recursos para os indivíduos de diferentes classes sociais. Ao redesenhar tal estudo usando classe socioeconômica como uma variável, uma tentativa de observar as diferentes maneiras em que as crianças manifestam deficiências nos fatores de prontidão escolar entre as diferentes classes socioeconômicas. Por exemplo, uma criança pobre pode ser hiperativo na pré-escola, enquanto uma criança rica pode ser mais agressivo. Correlações poderia examinar um grande número de fatores que podem contribuir para as diferentes manifestações, como resultado de habilidades parentais pobres em classes socioeconômicas contribuinte.

Além disso, os métodos que foram utilizados no estudo pareceram ter as suas próprias limitações. As medidas que foram usados pelos pesquisadores parecia ser muito estreita no âmbito usando perguntas dicotômicas que foram em número limitado. Com tais instrumentos limitados, efeitos de fundo e efeitos de teto deve ser esperado para abundam ao longo do estudo uma vez que havia apenas oito pontuações possíveis em uma das medidas. Para além dos dispositivos de medição, Razzza et al. (2012) definiram quase pobres como sendo entre 100% a 300% das orientações de pobreza. Esse intervalo é um pouco exagerado na natureza como quatro pessoas do agregado familiar poderia fazer entre $ 23050 e $ 69.150 por ano (United States Department of Health and Human Services, 2012). Com uma ampla gama de tais rendimentos, a título de quase pobres parece ser uma falsa representação do grupo a ser estudado.

Trauma intergeracional

Kaitz, M., Levy, M., Ebstein, R., Faraone, SV, e Mankuta, D. (2009). Os efeitos intergeracionais de trauma de terror: uma possibilidade real. Infant Mental Health Journal, 30 (2), 158-179.

Kaitz et al. (2009) examinaram o efeito do trauma intergeracional através do terror (ITTT). Os pesquisadores forneceu vários exemplos de como os efeitos de traumas graves crianças através dos maneirismos dos pais. Kaitz et al. (2009) constataram que a ansiedade ea depressão que resultou do trauma produzido discórdia que se manifesta nas respostas do pai para o filho, inoportuno e falta de avaliação e controle de críticas por parte do pai. Desde que o pai teria pronunciado dificuldade em manter suas próprias respostas emocionais, as interações sociais entre o pai ea criança teria sido marcada por obstáculos às interações adequadas, como seria normalmente esperado na maioria das díades pai-filho. À medida que o relacionamento foi afetado pelo trauma, o vínculo entre pai e filho se tornou muito insegura devido às respostas inadequadas do pai para com as necessidades da criança, medos e frustrações.

Os autores propuseram que o trauma afetaria não só a relação entre pai e filho, mas também o impacto biológico da criança. As mães que experimentaram sintomas do TEPT durante a gravidez tinham níveis significativamente mais baixos de cortisol. Os menores níveis de cortisol são muitas vezes associada com desordens de ansiedade e ter um impacto sobre o eixo HPA. Enquanto na fase de pré-natal de desenvolvimento, a criança é fornecido com significativamente menor do que geralmente os níveis de cortisol, que produz um impacto sobre a regulação da criança do eixo HPA. O eixo HPA desempenha um papel essencial no metabolismo, a memória, e a imunidade. Quando os níveis de cortisol são muito alta ou baixa, o eixo HPA é afetado pelo desequilíbrio do cortisol. Como os autores mencionam um impacto tão biológico, eles ênfase os impactos da ITTT através de ambos os fatores biológicos e ambientais.

Franco, T., & Bradbury, J. (2012). Contar histórias para a próxima geração: Trauma e nostalgia. Paz e Conflito: Journal of Psychology Paz, 18 (3), 294-306. doi: 10.1037/a0029070

Franco e Bradbury (2012) examinaram a transmissão intergeracional de trauma como resultado de apartheid na África do Sul. Através de sua pesquisa, os pesquisadores descobriram que o silêncio sobre o trauma entre familiares e saudade contribuído para os efeitos do trauma. Nostalgia serviu para definir as novas gerações como a vida foi mudado tão drasticamente pelos acontecimentos do apartheid. Avós contam histórias aos netos sobre o quão melhor a vida era antes do evento traumático e refletir que as coisas nunca mais foram os mesmos depois. Uma vez que todas as crianças sabem é como é a vida após o trauma, eles assumem um papel de indivíduos que foram diretamente afetados pelos eventos traumáticos, embora eles nunca experimentaram pessoalmente os eventos.

Franco e Bradbury (2012) observou que as gerações mais jovens responderam às gerações mais velhas quando se discute o trauma do apartheid, como se experimentou os eventos em si também. O melhor exemplo foi dado quando um dos filhos de um sobrevivente do apartheid respondeu a perguntas sobre o sobrevivente perguntado sobre os eventos que ocorreram durante o apartheid, o que aconteceu antes que o indivíduo mais novo nasceu. Os eventos traumáticos foram discutidas entre os membros da família raramente. A escassez de histórias de trauma enriquece as histórias com uma sensação de novidade. Os anciãos mencionou as histórias apenas algumas vezes para a geração mais jovem para que o silêncio entre os tempos que se discute fortalece os eventos traumáticos e proporciona uma ligação para a geração mais jovem para os eventos. A geração mais jovem é muitas vezes referida como uma geração "dobradiça" que ainda não está livre dos efeitos do trauma, mas ainda um passo para tornar o trauma uma história notável de sua cultura.

O artigo serve para mostrar como contação de histórias entre as gerações serve para fornecer um empate entre as gerações recentes e a geração atual de modo que as cicatrizes de um trauma específico continuar ao longo da história. Isso mostra como que a transmissão intergeracional serve para mostrar quão grave um acontecimento traumático é baseada em quão relevante é a experiência sente por gerações de prosseguir. O efeito do trauma pode ser visto também pela maneira que as gerações mais jovens também ver o trauma como separá-los a partir da nostalgia do passado, que é ampliado pelo silêncio.

Baranowsky, AB, Young, M., Johnson, Douglas, S., Williams-

Keeler, L., e McCarrey, M. (1998). Transmissão PTSD: Uma revisão de traumatização secundária em famílias sobrevivente do Holocausto. Psicologia canadense, 39 (4), 247-256. doi: 10.1037/h0086816

Baranowsky et al. (1998) explorou como os filhos de sobreviventes do Holocausto apresentou sintomas de PTSD-like mesmo que nunca tinha experimentado trauma. Na pesquisa, as crianças foram encontradas para ser hiper-vigilante e desconfiado dos outros. As crianças também relatam que sentia diferente de seus pares e percebi que eles agiram de forma diferente também. A pesquisa abordou que as populações que foram olhei eram populações clínicas que tinha vieram à atenção dos profissionais de saúde mental de auto-referência. Além disso, devido à natureza do holocausto, amostragem aleatória seria impossível impedir uma verdadeira experiência.

Baranowsky et al. (1998) trata de uma variedade de teorias que tem sido usado para explicar o aparecimento dos sintomas em gerações subsequentes. O TEPT secundário poderia ser explicada como um sintoma de uma profunda compreensão da geração seguinte sobre a geração anterior, na tentativa de entender as lutas de seus pais durante a época da II Guerra Mundial. Os sintomas também foram exploradas como sendo o produto de contar histórias agravado por períodos de silêncio. Uma abordagem evolutiva para os comportamentos coloca que os sintomas servem para ser a reação mais jovens gerações às tentativas dos pais em ensinar seus filhos como sobreviver em tempos de perseguição. Isso pode ser visto como uma explicação baseada no conceito de indivíduos 'tentando ajudar seus genes em ser baseado em com o tempo. Para promover as chances de linhagem continuação, os sobreviventes da geração mais velha desenvolver apego-estilos e se comportam de maneiras que assessor de sobrevivência de seus filhos com base nas experiências de suas vidas, quando eles eram mais jovens.

O autor propõe que a transmissão de trauma entre as gerações pode servir para definir as expectativas dos médicos que tratam pessoas que sofrem de TEPT. À luz de tal pesquisa, deve-se olhar para os sintomas da transmissão intergeracional nas crianças de clientes que sofrem de PTSD. A pesquisa não fornece uma probabilidade de transmissão devido à impossibilidade reclamado de projetar esse tipo de experimento.

Field, N. P., Om, C., Kim, T., & Vorn, S. (2011). Estilos parentais em efeitos de segunda geração de genocídio decorrente do regime do Khmer Vermelho no Camboja.

Anexo e Desenvolvimento Humano, 13 (6), 611-628. doi: 10.1080/14616734.2011.609015

Field et al. (2011) examinaram os efeitos do trauma devido ao trauma vivido durante o genocídio do Khmer Vermelho no Camboja sobre os estilos parentais de sobreviventes e os efeitos sobre a geração de prosseguir. Os pesquisadores examinaram como estilos de apego correlacionada com o trauma experimentado pelos pais e os sintomas de ansiedade e depressão que foram exibidos nas crianças. Os pesquisadores descobriram que os pais apresentaram uma inversão de papéis no estilo de apego. Normalmente, uma criança vai olhar para um pai de apoio emocional. No caso dos sobreviventes do Khmer Vermelho, o trauma dos pais reverteu essa interação para onde os pais começaram a olhar para as crianças como uma fonte de apoio emocional para lidar com o próprio trauma do passado dos pais.

Experiência traumática dos pais serviu para fornecer uma correlação direta com os níveis de ansiedade das crianças. O aumento dos níveis de ansiedade pode ser vista como o resultado de que as crianças têm de lidar não só com as tensões de crescimento, mas também as tensões que resultaram de ser analisado em busca de apoio emocional pelo pai que estava lidando com PTSD de eventos passados. A pesquisa também encontrou uma correlação entre os sintomas do trauma e da superproteção dos pais maternal. As correlações de trauma tanto para inversão de papéis e superproteção servem para mostrar duas mudanças de estilos parentais que estão ligados a experiências traumáticas. Superproteção e papel reversões servir como veículo de transmissão nos casos de ansiedade e depressão sendo transferidos ao longo de gerações, como resultado de eventos que foram vividos pelo pai.

Field et al. (2011) serve como uma comparação dos efeitos de trauma de várias culturas. Muitos fenômenos psicológicos não possuem os seus efeitos a partir de uma cultura para outra. No caso de trauma intergeracional, os efeitos parecem ser pronunciado em não só os sobreviventes judeus do Holocausto, mas também nos sobreviventes asiáticos do regime do Khmer Vermelho. Este achado pode ser visto como o efeito que está sendo mostrado em todas as culturas ou como sobreviventes de trauma existente como uma cultura separada para si mesmos, devido às diferenças de estilos e normas do pensamento dos pais que podem ser vistos como exclusivamente diferente entre aqueles que sobreviveram tão significativo em grande trauma escala e os da mesma cultura que não têm ou não descendem de um sobrevivente.

Myhra, L. L. (2011). Ele corre na família: a transmissão intergeracional de trauma histórico entre os índios americanos e nativos do Alasca urbanas em programas culturalmente específicos de manutenção de sobriedade. Índio Americano e nativos do Alasca Mental Health Research: O Jornal do Centro Nacional, 18 (2), 17-40.

Myhra (2011) examinaram os efeitos do trauma sobre os nativos americanos através das gerações. O trauma que foi experimentado por nativos americanos através da assimilação forçada e deslocalizações durante o século XIX correlacionada ao aumento dos níveis de abuso de álcool e dependência de álcool. TEPT e problemas de abuso de substâncias são muitas vezes co-mórbidas. A pesquisa descobriu que os indivíduos se voltaria para o abuso de substâncias como estratégia de enfrentamento mal-adaptativos para lidar com a ansiedade e depressão que resultou de gerações de opressão e racismo. O racismo ea opressão serviu como os eventos traumáticos para as gerações passadas. O trauma que as gerações passadas experimentado foi então perpetuada como gerações seguintes experimentaram trauma semelhante, que agravou os efeitos da transmissão intergeracional. Isto pode ser visto como um trauma duplo para as gerações mais jovens.

O artigo contém alguns pontos fracos que o autor tenha conhecimento. Em primeiro lugar, o tamanho da amostra é pequena, com apenas treze participantes. Além disso, não há um grupo de controlo verdadeiro para ser capaz de os resultados. A pesquisa é mais um estudo de caso etnográfico, que explora os efeitos do trauma prévio sobre as diferentes gerações. A pesquisa não permite um olhar mais pessoal para as vidas individuais de pessoas que sofreram traumas intergeracional. A pesquisa também fornece uma olhada em como o trauma afeta os indivíduos durante a infância, adolescência, idade adulta e por meio de uma entrevista narrativa.

Gaensbauer, T. J. (2003). Transmissão intergeracional de trauma: experiência da criança. Infant Mental Health Journal, 24 (5), 524-526. doi: 10.1002/imhj.10080

Gaensbauer (2003) fornece uma análise detalhada de Libby, que é uma criança cuja mãe sofre de PTSD. O autor fornece um olhar em profundidade as conexões entre os sintomas da mãe eo comportamento de Libby. O autor oferece três maneiras que o comportamento de Libby é afetada pelos sintomas do TEPT. Primeiro, ele se dirigiu ao estresse que

Libby estaria exposta a como resultado de a mãe ter dificuldades gerenciando suas vidas e testemunhar sofrimento da mãe causado por seus sintomas. Em segundo lugar, sua mãe definido definição de medo de Libby. Desde Libby não tinha desenvolvido uma referência do que é considerado perigoso do mundo, ela desenvolveu uma compreensão do que ter medo, observando as reações de sua mãe para o meio ambiente, que eram respostas anormais e adaptativos. A terceira maneira que Libby foi afetada pela psicopatologia de sua mãe foi o resultado de sua mãe inconsistente afetar regulação e percepções distorcidas da realidade durante interações entre mãe e filha. As interações seria agradável, às vezes, e outras vezes, as interações parecem hostis e provocam ansiedade para Libby. A irregularidade na ligação entre mãe e filha pode ser visto como produzir instabilidade na fixação de Libby para sua mãe que iria agravar a sua ansiedade e angústia.

Gaensbaur (2003) fornece detalhes sobre as interações entre pais e filhos, no caso de Libby, que pode ser visto como uma experiência de transmissão intergeracional de trauma. Ao olhar para um único caso, o autor é capaz de chamar a atenção para aspectos particulares da dinâmica entre a mãe ea filha. Os detalhes do caso em questão pode então ser comparado a outros casos de trauma intergeracional considerar possíveis tendências que podem ter sido esquecidos em grande experimento tamanho da amostra. A fraqueza do artigo é a possível subjetividade na análise do autor. A subjetividade é composta por, fornecendo alguns exemplos para explicar o seu raciocínio. Isso permitiria uma crítica ao artigo para fornecer explicações alternativas para os comportamentos e manifestações de sintomas de PTSD-como da criança.

Rowland-Klein, D., & Dunlop, R. (1998). A transmissão do trauma através das gerações: a identificação com trauma dos pais em filhos de sobreviventes do Holocausto. Australian & New Zealand Journal of Psychiatry, 32 (3), 358-369.

Rowland-Klein e Dunlop (1998) entrevistou seis indivíduos que eram filhos de sobreviventes do Holocausto para determinar que temas estiveram presentes em todos os indivíduos que tenham contribuído para a transmissão do trauma através das gerações. A pesquisa revelou uma série de temas que foram consistentes em toda a amostra. Em primeiro lugar, a amostra indicada uma série de temas que giram em torno estilo de parentalidade dos pais. Este tema pode ser visto na comparação de seus pais para outros pais, as preocupações sobre a superproteção, e problemas com a separação. As crianças também fortemente identificado com as experiências de seus pais em uma compreensão subjetiva do que a experiência de campo de concentração como foi para seus pais. Um achado adicional no estudo foi que a segunda geração tinha mostrado um estado elevado de consciência sobre "o estado como sendo sobreviventes do Holocausto através de ambos os entendimentos abertos e fechados de seus pais os pais história de sobrevivência. Como resultado desses fatores, uma mensagem de desconfiança e medo foram transmitidos para a segunda geração através de mensagens sobre a necessidade de sobreviver em situações perigosas.

Os pesquisadores utilizaram um formato de entrevista para conduzir o estudo com uma amostra pequena, que consistiu de apenas fêmeas, o que era um ponto fraco do estudo. Apesar dos pontos fracos do estudo, o artigo fez apresentar um olhar detalhado sobre os casos individuais e os temas emergentes que apareceram em todos os indivíduos. Além disso, a amostra foi de uma amostra não-clínica, que serve para ser único, porque os indivíduos relataram vários sintomas patológicos associados ao TEPT, como hiper-vigilância, a desconfiança, pesadelos e temores persistentes. O artigo também serviu para dividir os métodos de transmissão em duas categorias, que incluem transmissões conscientes e inconscientes do trauma. Ao fazer esta distinção entre os métodos de transmissão, Rowland-Klein e Dunlop (1998) apresentam os comportamentos dos pais como sendo uma interação dinâmica entre os tipos de forças que amplia o efeito de transmissão de trauma através das gerações.

Iliceto, P., Candilera, G., Funaro, D., Pompili, M., Kaplan, K., & Markus-Kaplan, M. (2011). Sem Esperança, Temperamento, Raiva e Relações Interpessoais no Holocausto (Shoah) Netos de sobrevivência. Jornal de Religião e Saúde, 50 (2), 321-329. doi: 10.1007/s10943-009-9301-7

Illiceto et al. (2011) comparou as diferenças entre os netos de sobreviventes do Holocausto com a de um grupo de controle que não tinha avós que sofreram esse tipo de trauma. A pesquisa constatou que as diferenças podem ser encontradas na forma como as pessoas se viam e como eles percebiam outros. Os netos dos sobreviventes percebido outros como sendo mais hostil e rejeitando que o grupo controle percebido que os outros sejam. Eles também perceberam a si mesmos e outros para ser mais submisso do que o grupo controle. A transmissão intergeracional teve um impacto mais profundo sobre a maneira em que os netos perceberam os outros do que a si mesmos. Em afetando sua percepção dos outros, o trauma influenciou as reações do indivíduo para os outros. Este tipo de percepção dos outros pode ser visto para explicar a desconfiança das netos e vigilância hiper para perigos potenciais que poderiam ser percebidas como provenientes de outros indivíduos.

A pesquisa não explorar os estilos parentais ou de fixação que as pessoas experientes como crianças ou adolescências. Esta é uma lacuna do artigo. Se o artigo fosse para examinar as diferenças de estilo parental aos comportamentos apresentados pelas crianças, o autor teria sido capaz de demonstrar como os comportamentos foram transmitidos de pai para filho, como resultado do trauma. Sem examinar as diferenças de potencial de experiências com os grupos-in, o autor deixa uma abertura para a possibilidade de uma terceira variável para explicar as diferenças entre o grupo experimental e controle. O artigo serve para mostrar uma correlação entre os resultados específicos em netos e trauma experimentado ou não experimentado por avós. A correlação também contém uma fraqueza como o trauma experimentado pelos avós é apenas visto como uma propriedade dicotómica, em oposição a uma propriedade contínua baseada na gravidade do trauma experimentado pelos avós.

Mellor,,. J., Davidson,,. C., & Mellor, D. J. (2001). A adaptação das crianças de australianos veteranos do Vietnã: há evidência para a transmissão transgeracional dos efeitos do trauma relacionados com a guerra?. Australian & New Zealand Journal of Psychiatry, 35 (3), 345-351. doi:

10.1046/j.1440-1614.2001.00897.x

Mellor, Davidson, e Mellor (2001) examinaram as diferenças entre filhos de pais veteranos com PTSD, pais veteranos sem PTSD, e os pais de civis. Eles descobriram que os filhos de pais veteranos com PTSD exibido taxas mais altas de PTSD sintomatologia. Os dois grupos cujos pais não tem TEPT mostrou nenhuma diferença em relação ao outro. Além disso, o grupo TEPT apresentaram níveis mais baixos de auto-estima, resolução de problemas e capacidade de resposta afetiva. Os sintomas do TEPT originais experimentado pelo pai pode ser visto como tendo um impacto sobre a ligação entre o pai ea criança, o que levaria a respostas inadaptadas a interação interpessoal. Frustrações que seriam vividos quando a criança tentaria superar déficits de afeto durante a infância pode explicar a dificuldade na resolução de problemas entre as crianças.

A pesquisa foi bem concebido por ter dois grupos para comparar com o grupo de PTSD. Os dois grupos de controle servem para responder a possibilidade de diferenças entre as crianças que crescem em uma família militar e aqueles em uma família civil. A pesquisa também explora duas facetas do trauma intergeracional que tem sido ignorado por muitos outros artigos de pesquisa. Primeiro, o artigo explora a transmissão de trauma entre o pai ea criança. Outras pesquisas têm explorado a ligação entre a mãe eo filho, mas ignorou a possível transmissão de trauma por meio do pai. A pesquisa demonstra que o trauma também é passível de ser transmitida do pai para a criança também. Além disso, o artigo explora a transmissão de trauma de guerra que foi experimentado por um indivíduo que teve um papel de militares que fica a menos de uma vítima direta e definível do que os civis que haviam sido traumatizadas durante os eventos em tempo de guerra e claramente definidos como vítimas de trauma. Ao explorar a ligação entre o trauma do pai e da manifestação da criança de PTSD como sintomas, os autores fazem uma conexão entre a expressão da criança de PTSD e percepções dos pais ao invés de percepções e expectativas de terceiros.

Sagi-Schwartz, R. (2003). Introdução à edição especial: eventos de vida e experiências radicais catastróficas eo desenvolvimento de apego em todo o ciclo de vida. Anexo e Desenvolvimento Humano, 5 (4), 327-329. doi: 10.1080/14616730310001633465

Sagi-Schwartz (2003) explorou o efeito do trauma sobre a capacidade dos pais de um dos pais em casos de trauma intergeracional. O artigo propõe que as mães que sofreram eventos traumáticos, tais como o Holocausto, o genocídio em Kosovo, estupro, ou a perda de um ente querido perde a confiança na sua capacidade de ser uma base segura para estilos de apego que incentivam a exploração. O autor propõe que o trauma diminui a auto-estima da mãe e confiança em suas habilidades parentais por causa de como ela era incapaz de proteger-se de tal dano. Como resultado, a criança experimenta uma relação inadequada com o pai para promover a exploração e auto-confiança. Pode-se observar claramente que os comportamentos exibidos pelos pais são os resultados dos sintomas de PTSD que são então transmitidos para a criança. A criança, em seguida, recapitula os comportamentos que são observados e contratados pelo pai como sendo adequada e normal. Isto leva a reacções ao trauma sendo transferidos do pai para a criança com a criança responder a estímulos de uma forma semelhante como o pai reagiria com base no viés da experiência traumática.

O artigo serve para mostrar como as conexões entre o evento traumático e comportamento ou percepções da criança está conectado. Sagi-Schwartz (2003) faz isso comparando e contrastando as conexões entre outros artigos de pesquisa e experimentos. As folhas artigo deixar de cumprir uma meta-análise estatística do trabalho associado e de apoio. Ao fazê-lo, isso serve para ser uma grande fraqueza do artigo. A organização das conexões entre a pesquisa

anterior serve para ser um ponto forte do artigo e prevê a
possibilidade de pesquisa continuada nas conexões feitas pelo
autor.

References

Aegidius, K. L., Zwart, J. A., Hagen, K. K., Dyb, G. G., Holmen, T. L., &
Stovner, L. J. (2011). Increased headache prevalence in female
adolescents and adult women with early menarche. The Head-
HUNT Studies. *European Journal Of Neurology, 18*(2), 321-328.
doi:10.1111/j.1468-1331.2010.03143.x

Belsky, J., Steinberg, L., Houts, R. M., & Halpern-Felsher, B. L. (2010). The
development of reproductive strategy in females: Early maternal
harshness → earlier menarche → increased sexual risk taking.
Developmental Psychology, 46(1), 120-128. doi:10.1037/a0015549

Blair, C., & Raver, C. (2012). Child development in the context of adversity:
Experiential canalization of brain and behavior. *American
Psychologist, 67*(4), 309-318. doi:10.1037/a0027493

Castel, A. D., Humphreys, K. L., Lee, S. S., Galván, A., McCabe, D. P., &
Balota, D. A. (2011). The Development of Memory Efficiency and
Value-Directed Remembering Across the Life Span: A Cross-
Sectional Study of Memory and Selectivity. *Developmental
Psychology, 47*(6), 1553-1564. doi:10.1037/a0025623

Chen, X. (2012). Culture, peer interaction, and socioemotional
development. *Child Development Perspectives, 6*(1), 27-34.

doi:10.1111/j.1750-8606.2011.00187.x

Cuevas, K., & Bell, M. (2010). Developmental Progression of Looking and Reaching Performance on the A-Not-B Task. *Developmental Psychology, 46*(5), 1363-1371. doi:10.1037/a0020185

Diesendruck, G., & Markson, L. (2011). Children's assumption of the conventionality of culture. *Child Development Perspectives, 5*(3), 189-195. doi:10.1111/j.1750-8606.2010.00156.x

Doyle, O., McEntee, L., & McNamara, K. (2012). Skills, capabilities and inequalities at school entry in a disadvantaged community. *European Journal Of Psychology Of Education - EJPE (Springer Science & Business Media B.V.), 27*(1), 133-154. doi:10.1007/s10212-011-0072-7

Duncan, G. J., Ziol-Guest, K. M., & Kalil, A. (2010). Early-Childhood Poverty and Adult Attainment, Behavior, and Health. *Child Development, 81*(1), 306-325. doi:10.1111/j.1467-8624.2009.01396.x

Dykas, M. J., & Cassidy, J. (2011). Attachment and the processing of social information across the life span: Theory and evidence. *Psychological Bulletin, 137*(1), 19-46. doi:10.1037/a0021367

Erikson, E. H. (1968). *Identity: Youth and crisis*. New York: Norton.

Garandeau, C. F., Ahn, H., & Rodkin, P. C. (2011). The Social Status of Aggressive Students Across Contexts: The Role of Classroom Status Hierarchy, Academic Achievement, and Grade. *Developmental Psychology*. Advance online publication. doi:10.1037/a0025271

Gupta, R., & Kar, B. (2010). Specific Cognitive Deficits in ADHD: A Diagnostic Concern in Differential Diagnosis. *Journal Of Child & Family Studies, 19*(6), 778-786. doi:10.1007/s10826-010-9369-4

Harden, K., & Mendle, J. (2012). Gene-environment interplay in the association between pubertal timing and delinquency in adolescent girls. *Journal Of Abnormal Psychology, 121*(1), 73-87. doi:10.1037/a0024160

Hohenberger, A., & Peltzer-Karpf, A. (2009). Language learning from the perspective of nonlinear dynamic systems. *Linguistics, 47*(2), 481-511. doi:10.1515/LING.2009.017

Lorber, M. & Egeland, B. (2009) Infancy Parenting and Externalizing Psychopathology from Childhood through Adulthood:

Developmental Trends. *Developmental Psychology 45*(4). 909-912. doi: 10.1037/a0015675

Lynch, J. S., van den Broek, P., Kremer, K. E., Kendeou, P., White, M., & Lorch, E. P. (2008). The Development of Narrative Comprehension and Its Relation to Other Early Reading Skills. *Reading Psychology, 29*(4), 327-365. doi:10.1080/02702710802165416

Marchetta, N. J., Hurks, P. M., Krabbendam, L., & Jolles, J. (2008). Interference control, working memory, concept shifting, and verbal fluency in adults with attention-deficit/hyperactivity disorder (ADHD).*Neuropsychology, 22*(1), 74-84. doi:10.1037/0894-4105.22.1.74

Matthews, A., Ellis, A., & Nelson C. (1996). Development of Preterm and Full-Term Infant Ability on AB, Recall Memory, Transparent Barrier Detour, and Means-End Tasks. *Child Development, 67*(6), 2658-2676. doi:10.1111/1467-8624.ep9706244826

Mayeux, L., & Cillessen, A. N. (2008). It's Not Just Being Popular, it's Knowing it, too: The Role of Self-perceptions of Status in the Associations between Peer Status and Aggression. *Social Development, 17*(4), 871-888. doi:10.1111/j.1467-9507.2008.00474.x

McBride Murry, V., Berkel, C., Gaylord-Harden, N. K., Copeland-Linder, N., & Nation, M. (2011). Neighborhood Poverty and Adolescent Development. *Journal Of Research On Adolescence (Blackwell Publishing Limited), 21*(1), 114-128. doi:10.1111/j.1532-7795.2010.00718.x

McKinney, C., & Milone, M. (2012). Parental and Late Adolescent Psychopathology: Mothers May Provide Support When Needed Most. *Child Psychiatry & Human Development, 43*(5), 747-760. doi:10.1007/s10578-012-0293-2

Mendle, J., Leve, L. D., Van Ryzin, M., Natsuaki, M. N., & Ge, X. (2011). Associations between early life stress, child maltreatment, and pubertal development among girls in foster care. *Journal Of Research On Adolescence, 21*(4), 871-880. doi:10.1111/j.1532-7795.2011.00746.x

O'Connor, E., & McCartney, K. (2007). Attachment and cognitive skills: An investigation of mediating mechanisms. *Journal Of Applied Developmental Psychology, 28*(5/6), 458-476. doi:10.1016/j.appdev.2007.06.007

Psychogiou, L., Daley, D., Thompson, M. J., & Sonuga-Barke, E. S. (2008). Parenting empathy: Associations with dimensions of parent and child psychopathology. *British Journal Of Developmental Psychology, 26*(2), 221-232. doi:10.1348/02615100X238582

Razza, R. A., Martin, A., & Brooks-Gunn, J. (2010). Associations among family environment, sustained attention, and school readiness for low-income children. *Developmental Psychology, 46*(6), 1528-1542. doi:10.1037/a0020389

Shi, B., & Xie, H. (2012). Socialization of Physical and Social Aggression in Early Adolescents' Peer Groups: High-status Peers, Individual Status, and Gender. *Social Development, 21*(1), 170-194. doi:10.1111/j.1467-9507.2011.00621.x

United States Department of Health and Human Services. 2012. *2012 HHS Poverty Guidelines.* Retrieved from http://aspe.hhs.gov/poverty/12poverty.shtml

Van Geert, P. (1998). A Dynamic Systems Model of Basic Developmental Mechanisms: Piaget, Vygotsky, and Beyond. *Psychological Review, 105(*4), 634.

Von der Lippe, A., Eilertsen, D., Hartmann, E., & Killen, K. (2010). The role of maternal attachment in children's attachment and cognitive executive functioning: A preliminary study. *Attachment & Human Development, 12(*5), 429-444. doi:10.1080/14616734.2010.501967

Waite, R., & Ramsay, J. (2010). Adults with ADHD: Who Are We Missing?. *Issues In Mental Health Nursing, 31*(10), 670-678. doi:10.3109/01612840.2010.496137

Waszak, F., Hommel, B., & Shu-Chen, L. (2010). The Development of Attentional Networks: Cross-Sectional Findings From a Life Span Sample. *Developmental Psychology, 46*(2), 337-349.

Watanabe, H., Forssman, L., Green, D., Bohlin, G., & von Hofsten, C. (2012). Attention Demands Influence 10- and 12-Month-Old Infants' Perseverative Behavior. *Developmental Psychology, 48*(1), 46-55. doi:10.1037/a0025412

Wierson, M., Long, P. J., & Forehand, R. L. (1993). Toward a new understanding of early menarche: The role of environmental stress in pubertal timing. *Adolescence, 28*(112), 913-924.